Impressum
Verlag: BABADADA GmbH, Nedderfeld 112 , 22529 Hamburg
Geschäftsführer / Verlagsleitung: Harald Hof
Druck: Books on Demand GmbH, In de Tarpen 42, 22848 Norderstedt

Imprint
Publisher: BABADADA GmbH, Nedderfeld 112 , 22529 Hamburg, Germany
Managing Director / Publishing direction: Harald Hof
Print: Books on Demand GmbH, In de Tarpen 42, 22848 Norderstedt, Germany

школа

iskola

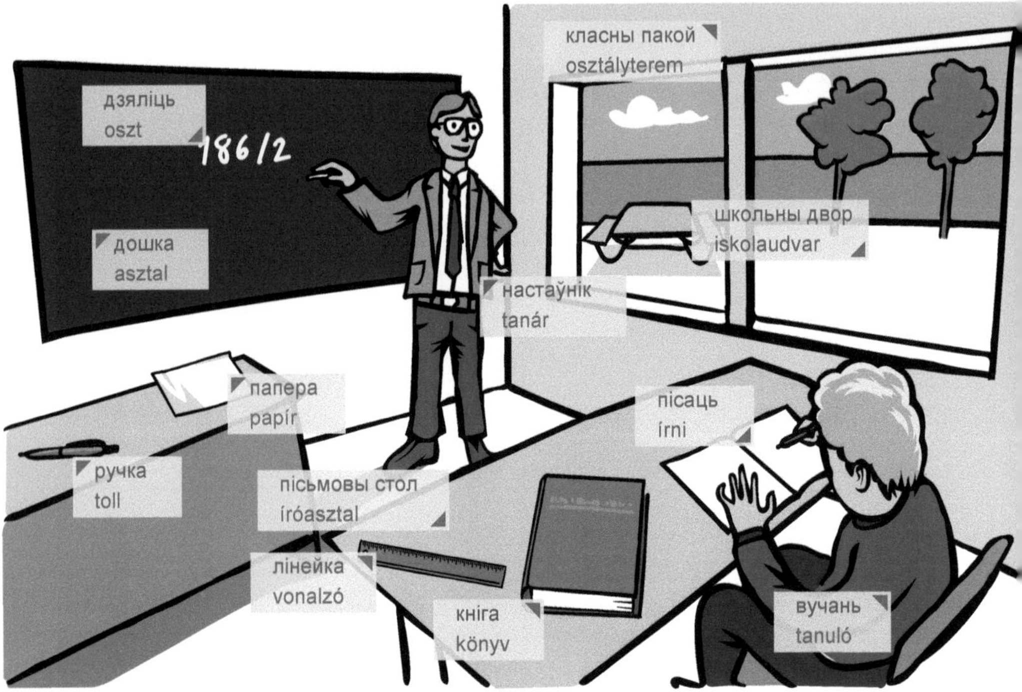
класны пакой
osztályterem
дзяліць
oszt
186/2
школьны двор
iskolaudvar
дошка
asztal
настаўнік
tanár
папера
papír
пісаць
írni
ручка
toll
пісьмовы стол
íróasztal
лінейка
vonalzó
кніга
könyv
вучань
tanuló

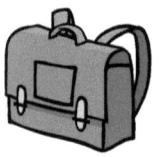

ранец

iskolatáska

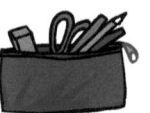

пенал

tolltartó

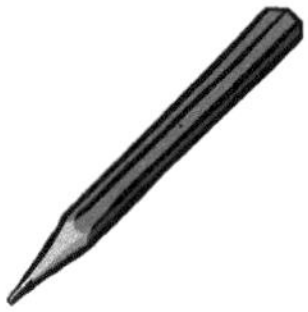

просты аловак

ceruza

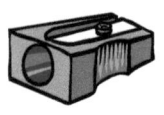

тачылка для алоўкаў

ceruzahegyező

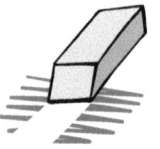

гумка

radír

альбом для малявання

rajzfüzet

малюнак
rajz

пэндзлік
ecset

фарбы
festőkészlet

нажніцы
olló

клей
ragasztó

сшытак
munkafüzet

хатняе заданне
házi feladat

лік
szám

дадаваць
összead

адымаць
kivon

множыць
szoroz

лічыць
számol

літара
betű

алфавіт
ABC

словы
szó

тэкст

szöveg

чытаць

olvasni

крэйда

kréta

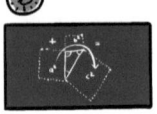

ўрок

tanóra

класны журнал

napló

экзамен

vizsga

атэстат

bizonyítvány

школьная форма

iskolai egyenruha

адукацыя

oktatás

энцыклапедыя

enciklopédia

універсітэт

egyetem

мікраскоп

mikroszkóp

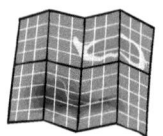

карта

térkép

смеццевы кошык

papír-hulladék gyűjtő

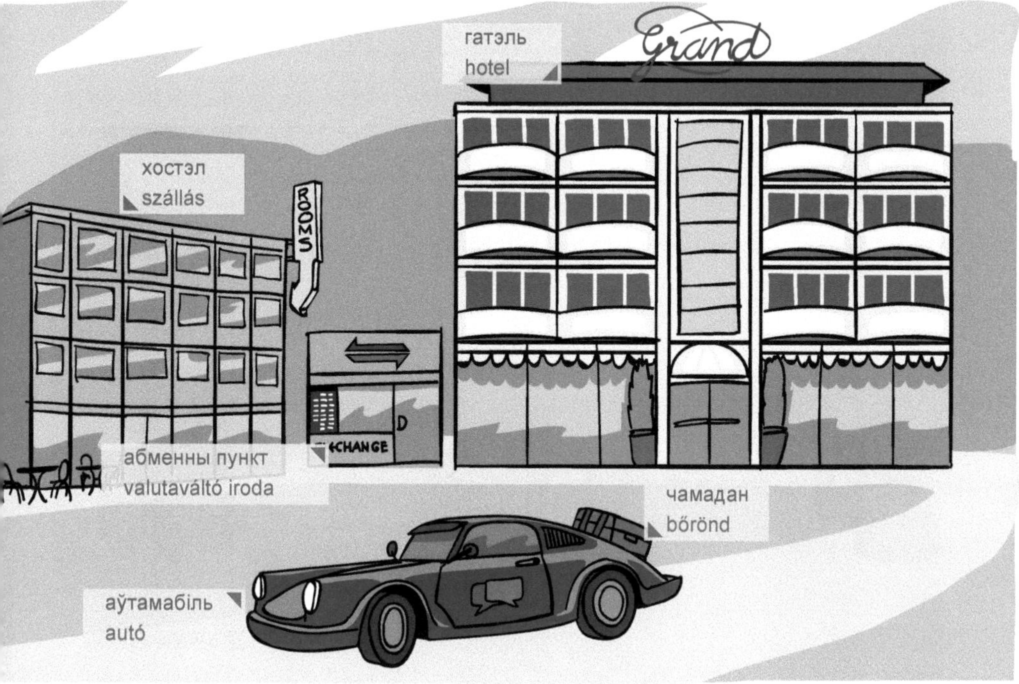

гатэль
hotel
Grand
хостэл
szállás
ROOMS
EXCHANGE
абменны пункт
valutaváltó iroda
чамадан
bőrönd
аўтамабіль
autó

мова

nyelv

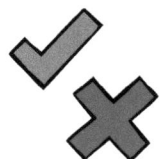

так / не

igen/nem

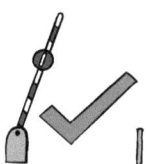

добра

rendben

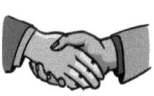

прывітанне!

szia

перакладчык

fordító

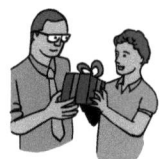

дзякуй

köszönöm

Колькі каштуе....?

mennyibe kerül...?

я не разумею

nem értem

праблема

probléma

Добры вечар!

Jó estét!

Добрай раніцы!

jó reggelt!

Дабранач!

jó éjszakát!

да пабачэння

viszontlátásra

кірунак

útirány

багаж

poggyász

сумка

táska

заплечнік

hátizsák

госць

vendég

пакой

szoba

спальны мяшок

hálózsák

палатка

sátor

нфармацыя для турыстаў

turista információ

пляж

strand

крэдытная картка

hitelkártya

снеданне

reggeli

абед

ebéd

вячэра

vacsora

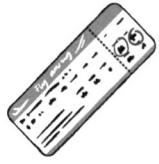

праязны білет

jegy

ліфт

lift

паштовая марка

bélyeg

мяжа

határ

мытня

vám

пасольства

nagykövetség

віза

vízum

пашпарт

útlevél

транспарт
közlekedés

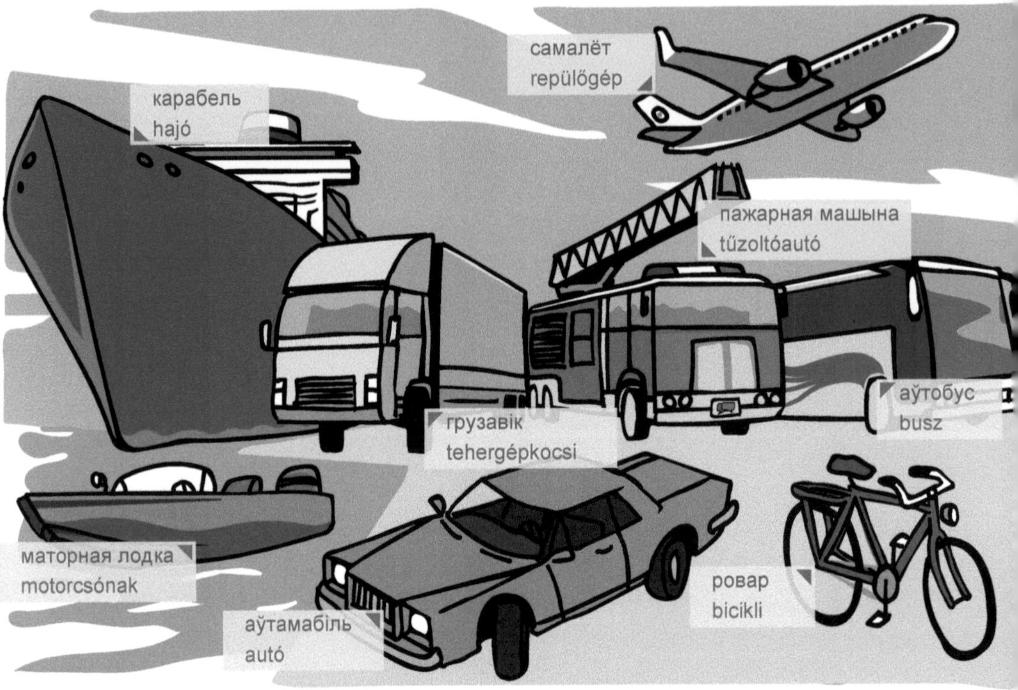

самалёт
repülőgép
карабель
hajó
пажарная машына
tűzoltóautó
аўтобус
busz
грузавік
tehergépkocsi
маторная лодка
motorcsónak
ровар
bicikli
аўтамабіль
autó

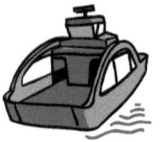

парам
....
komp

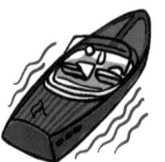

лодка
....
csónak

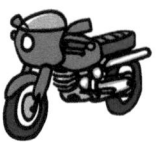

матацыкл
....
motorkerékpár

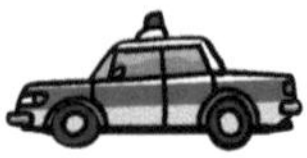

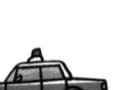

паліцэйская машына
....
rendőrautó

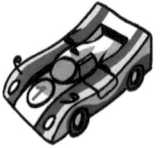

гоначны аўтамабіль
....
versenyautó

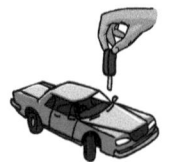

арэндаваны аўтамабіль
....
bérautó

сумеснае карыстанне
аўтамабілем
telekocsi

эвакуатар
vontató

смеццявоз
szemetes autó

матор
motor

паліва
üzemanyag

запраўка
benzinkút

дарожны знак
közlekedési tábla

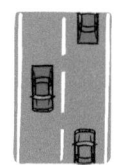

дарожны рух
forgalom

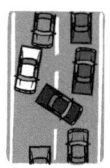

затор
forgalmi dugó

паркоўка
parkoló

чыгуначная станцыя
vonatállomás

рэйкі
sínek

цягнік
vonat

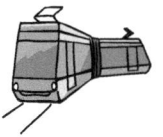

трамвай
villamos

вагон
vagon

верталёт

helikopter

аэрапорт

repülőtér

вежа

torony

пасажыр

utas

кантэйнер

konténer

кардонная скрыня

kartondoboz

тачка

taliga

карзіна

kosár

ўзлятаць / прызямляцца

felszáll / leszáll

горад

város

вёска

falu

цэнтр горада

városközpont

дом

ház

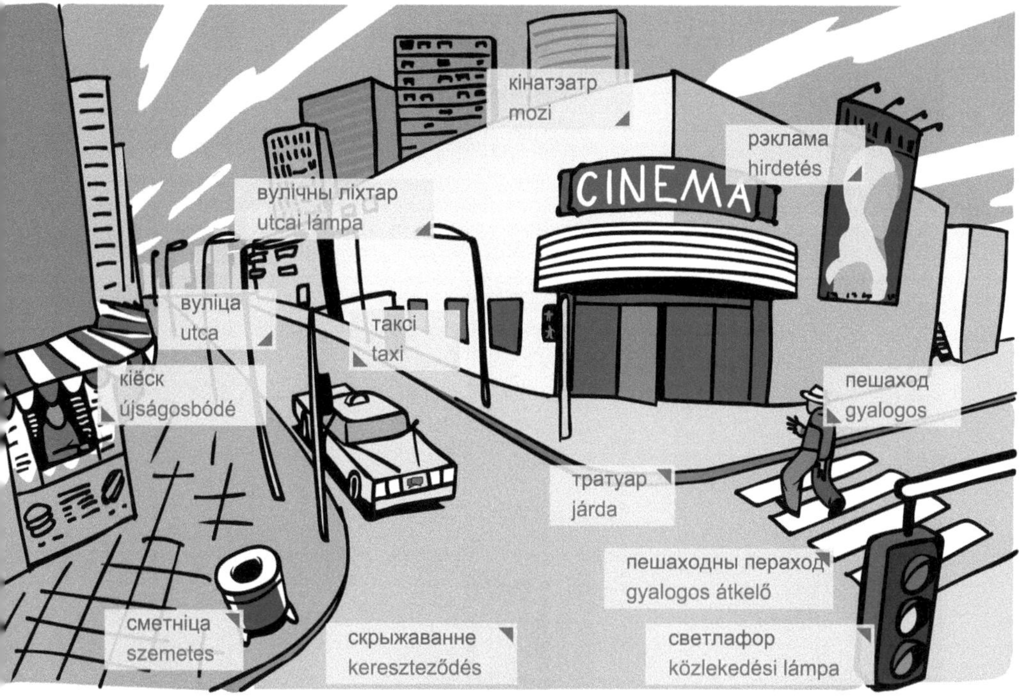

кінатэатр
mozi

рэклама
hirdetés

вулічны ліхтар
utcai lámpa

CINEMA

вуліца
utca

таксі
taxi

кіёск
újságosbódé

пешаход
gyalogos

тратуар
járda

пешаходны пераход
gyalogos átkelő

сметніца
szemetes

скрыжаванне
kereszteződés

светлафор
közlekedési lámpa

халупа
kunyhó

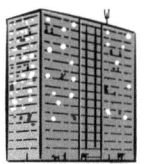

кватэра
lakás

чыгуначная станцыя
vonatállomás

ратуша
városháza

музей
múzeum

школа
iskola

універсітэт

egyetem

банк

bank

шпіталь

kórház

гатэль

hotel

аптэка

gyógyszertár

офіс

iroda

кнігарня

könyvesbolt

крама

üzlet

кветкавая крама

virágüzlet

супермаркет

szupermarket

кірмаш

piac

універмаг

áruház

рыбная крама

halárus

гандлевы цэнтр

bevásárló központ

порт

kikötő

парк
park

лава
pad

мост
híd

лесвіца
lépcső

метро
metró

тунэль
alagút

прыпынак
buszmegálló

бар
bár

рэстаран
étterem

паштовая скрыня
postaláda

вулічны паказальнік
utcatábla

паркамат
parkoló óra

заапарк
állatkert

басейн
uszoda

мячэць
mecset

сядзіба

gazdálkodás

забруджванне
навакольнага асяроддзя

környezetszennyezés

могілкі

temető

царква

templom

пляцоўка для гульні

játszótér

храм

szentély

краявід
táj

ліст
levél

паказальнік
útjelző tábla

дарога
út

луг
rét

камень
kő

дрэва
fa

падарожнік
túrázó

рака
folyó

трава
fű

кветка
virág

даліна

völgy

гара

domb

возера

tó

лес

erdő

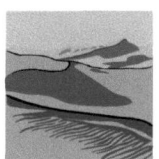

пустыня

sivatag

вулкан

vulkán

замак

kastély

вясёлка

szivárvány

грыб

gomba

пальма

pálmafa

камар

szúnyog

муха

légy

мурашка

hangya

пчала

méhecske

павук

pók

жук
bogár

жаба
béka

вавёрка
mókus

вожык
sündisznó

заяц
nyúl

сава
bagoly

птушка
madár

лебедзь
hattyú

дзік
vaddisznó

алень
szarvas

лось
rénszarvas

плаціна
gát

вятрак
szélturbina

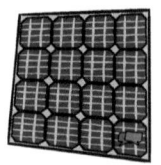

сонечная батарэя
napelem

клімат
éghajlat

рэстаран
étterem

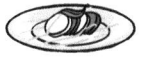

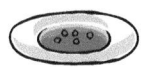

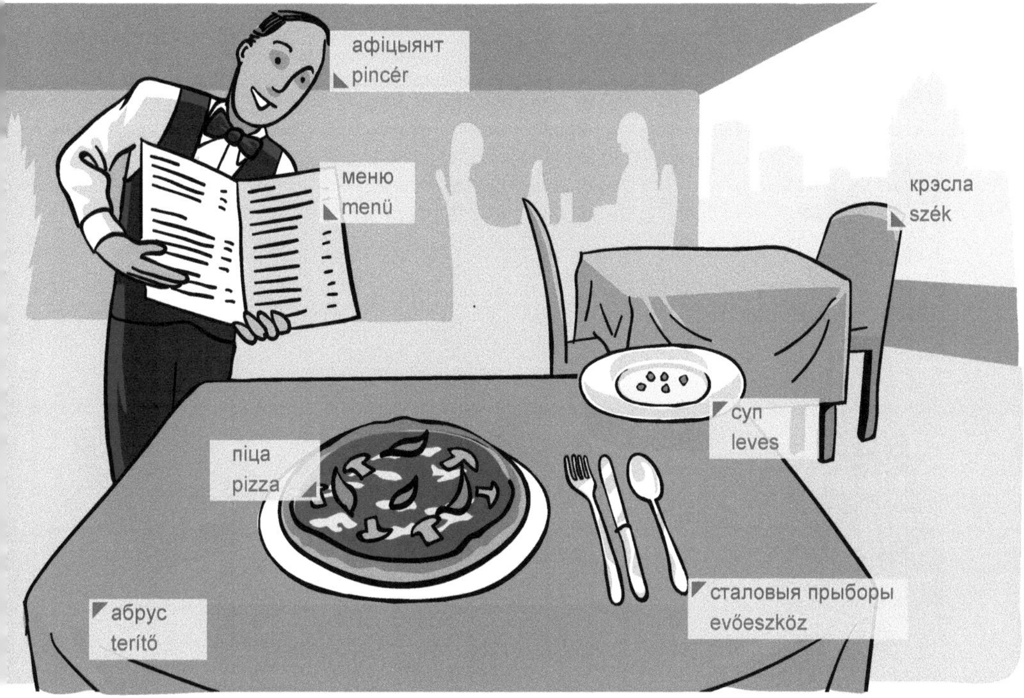
афіцыянт
pincér
меню
menü
крэсла
szék
суп
leves
піца
pizza
сталовыя прыборы
evőeszköz
абрус
terítő

закуска

előétel

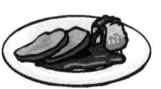

другая страва

főétel

дэсерт

desszert

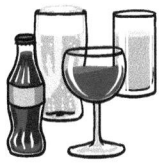

напоі

italok

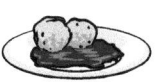

ежа

étel

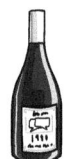

бутэлька

üveg

хуткае харчаванне (фаст-фуд)

gyorsétel

стрыт-фуд

gyorsétel

імбрык (чайнік)

teás kanna

цукарніца

cukortartó

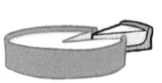

порцыя

adag

эспрэса-машына

eszpresszógép

дзіцячае крэселка

bárszék

рахунак

számla

паднос

tálca

нож

kés

відэлец

villa

лыжка

kanál

чайная лыжка

teáskanál

сурвэтка

szalvéta

шклянка

pohár

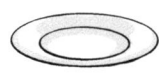

талерка

tányér

супавая талерка

leveses tányér

сподак

csészealj

соус

szósz

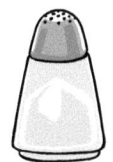

сальніца

sószóró

млынок для перцу

borsőrlő

воцат

ecet

алей

étkezési olaj

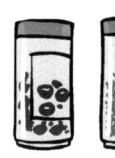

спецыі

fűszerek

кетчуп

ketchup

гарчыца

mustár

маянэз

majonéz

супермаркет
szupermarket

акцыя
különleges ajánlat
FOR
пакупнік
ügyfél
малочныя прадукты
tejtermék
садавіна
gyümölcsök
вазок
bevásárló kocsi

BUTCHERS

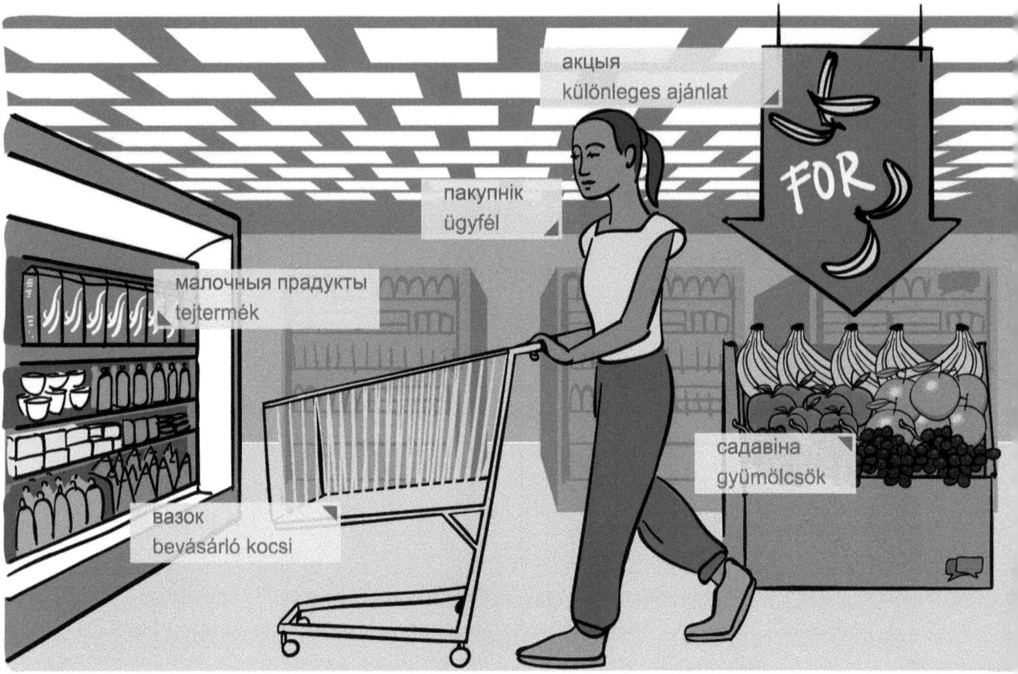

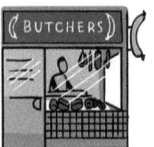

мясная крама

hentes

BAKERY

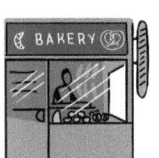

хлебны магазін

pékség

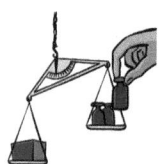

важыць

nyom valamennyit

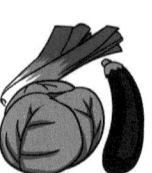

гароднiна

zöldség

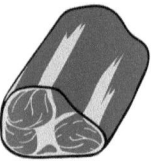

мяса

hús

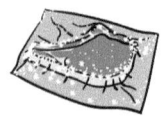

свежазамарожаныя прадукты

fagyasztott áru

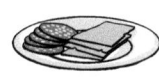

нарэзка
felvágott

кансервы
konzerv

пральны парашок
mosópor

прысмакі
édességek

хатнія прылады
háztartási termék

чысцячы сродак
tisztítószerek

прадавец
eladó

каса
pénztárgép

касір
eladó

спіс пакупак
bevásárló lista

гадзіны працы
nyitva tartás

бумажнік
levéltárca

крэдытная картка
hitelkártya

сумка
zacskó

пакет
műanyag zacskó

вада

víz

сок

gyümölcslé

малако

tej

кола

kóla

віно

bor

піва

sör

алкаголь

alkohol

какава

kakaó

гарбата (чай)

tea

кава

kávé

эспрэса

eszpresszó

капучына

kapucsínó

банан
banán

яблык
alma

апельсін
narancs

дыня
sárgadinnye

лімон
citrom

морква
sárgarépa

часнок
fokhagyma

бамбук
bambusz

цыбуля
hagyma

грыб
gomba

арэхі
magvak

локшына
nokedli

спагеці

spagetti

рыс

rizs

салата

saláta

бульба фры

sült krumpli

смажаная бульба

sült burgonya

піца

pizza

гамбургер

hamburger

бутэрброд

szendvics

шніцаль

hússzelet

вяндліна

sonka

салямі

szalámi

каўбаса

kolbász

курыца

csirke

смажаніна

pecsenye

рыбак

hal

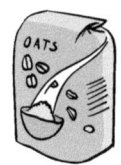

аўсяныя камякі

zabkása

мюслі

müzli

кукурузныя шматкі

kukoricapehely

мука

liszt

круасан

croissant

булачка

zsemle

хлеб

kenyér

тост

pirítós kenyér

пячэнне

keksz

масла

vaj

тварог

túró

пірог

sütemény

яйка

tojás

яечня

tükörtojás

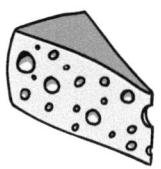

сыр

sajt

марожанае

jégkrém

цукар

cukor

мёд

méz

варэнне

lekvár

нуга

mogyorókrém

кары

curry

сядзіба
gazdálkodás

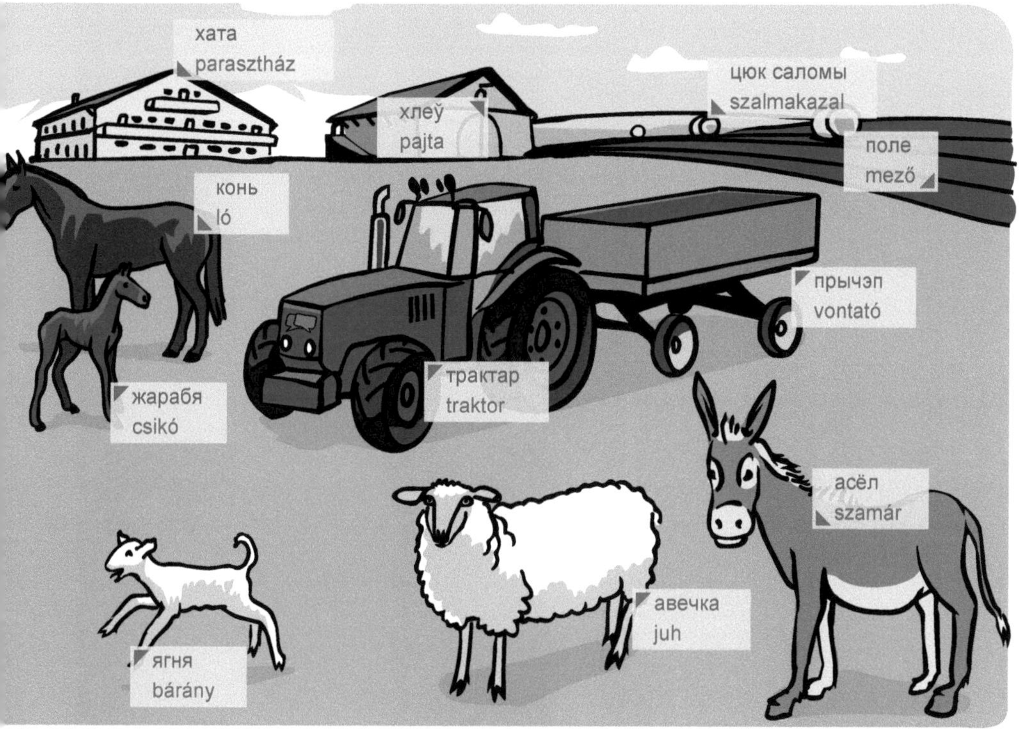
хата
parasztház
хлеў
pajta
цюк саломы
szalmakazal
поле
mező
конь
ló
прычэп
vontató
трактар
traktor
жарабя
csikó
асёл
szamár
авечка
juh
ягня
bárány

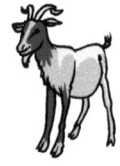

каза
kecske

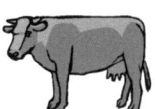

карова
tehén

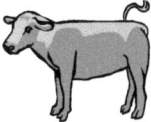

цяля
borjú

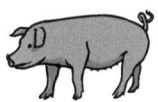

свіння
malac

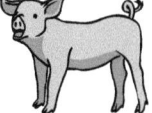

парася
kismalac

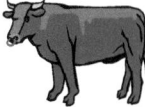

бык
bika

гусак
liba

качка
kacsa

кураня
csibe

курыца
tojó

певень
kakas

пацук
patkány

кот
macska

мыш
egér

вол
ökör

сабака
kutya

сабачая будка
kutyaház

садовы шланг
kerti öntözőcső

палівачка
öntözőkanna

каса
kasza

плуг
eke

серп
sarló

матыка
kapa

вілы для гною
vasvilla

сякера
fejsze

тачка
talicska

карыта
teknő

бітон для малака
tejes kancsó

мех
zsák

плот
kerítés

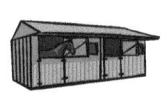

хлеў
istálló

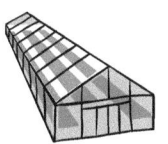

цяпліца
üvegház

глеба
talaj

насенне
vetőmag

угнаенне
trágya

камбайн
cséplőgép

збіраць ураджай

szüretelni

ураджай

betakarítás

ямс

yamgyökér

пшаніца

búza

соя

szója

бульба

burgonya

кукуруза

kukorica

рапс

repcemag

садовае дрэва

gyümölcsfa

маніёк

manióka

збожжа

gabona

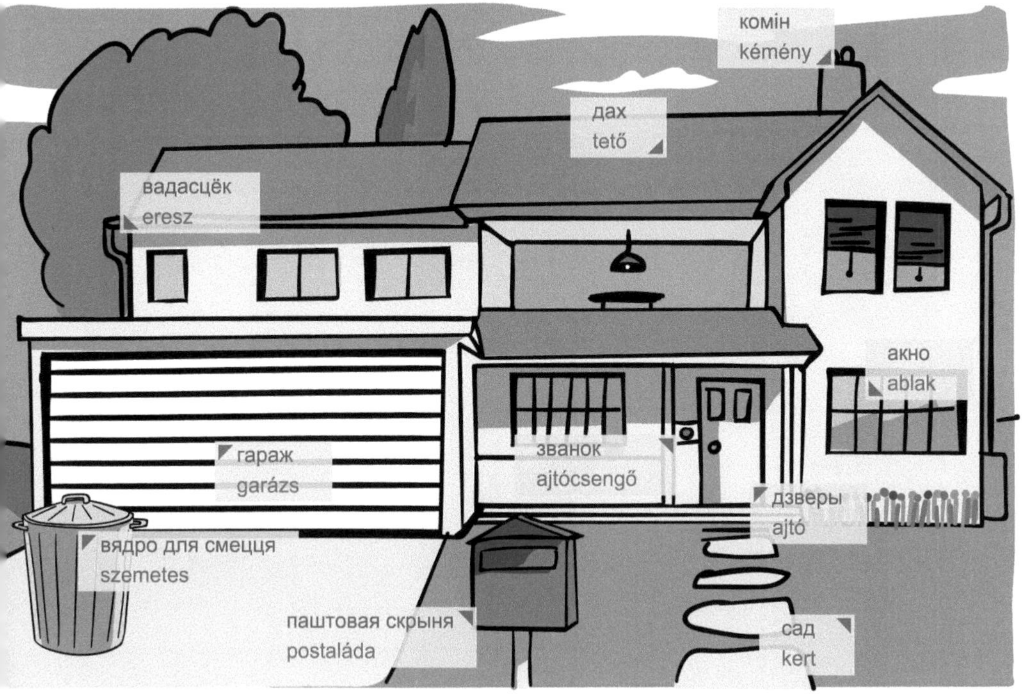

комін
kémény

дах
tető

вадасцёк
eresz

акно
ablak

гараж
garázs

званок
ajtócsengő

дзверы
ajtó

вядро для смецця
szemetes

паштовая скрыня
postaláda

сад
kert

жылы пакой

nappali

ванная

fürdőszoba

кухня

konyha

спальны пакой

hálószoba

дзіцячы пакой

gyerekszoba

сталоўка

ebédlő

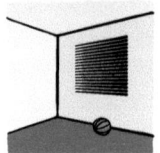

падлога
padló

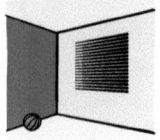

сцяна
fal

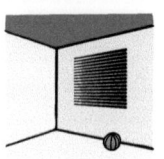

столь
plafon

падвал
pince

саўна
szauna

балкон
erkély

тэраса
terasz

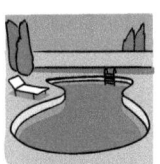

басейн
medence

касілка
fűnyíró

падкоўдранік
lepedő

коўдра
ágytakaró

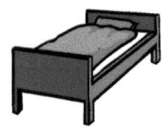

ложак
ágy

венік
seprű

вядро
vödör

выключальнік
kapcsoló

жылы пакой
nappali

шпалеры
tapéta
малюнак
kép
лямпа
lámpa
паліца
polc
шафа
szekrény
тэлевізар
televízió
камін
kandalló
кветка
virág
падушка
párna
канапа
kanapé
ваза
váza
пульт
távirányító

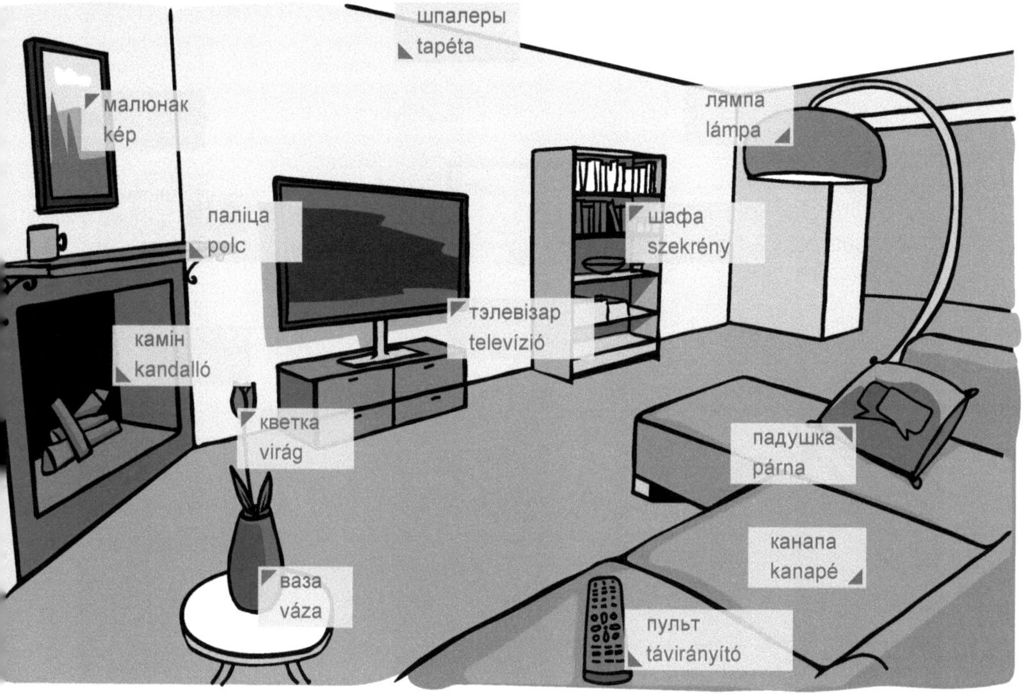

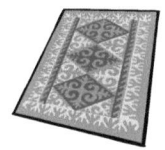

дыван

szőnyeg

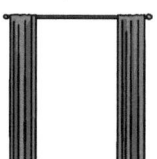

фіранка

függöny

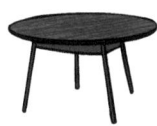

стол

asztal

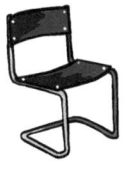

крэсла

szék

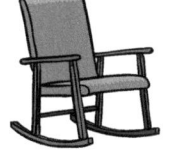

крэсла-качалка

hintaszék

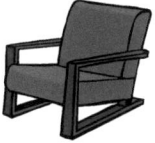

крэсла

karosszék

кніга
könyv

коўдра
takaró

дэкарацыя
dekoráció

дровы
tűzifa

кіно
film

стэрэасістэма
hifi

ключ
kulcs

газета
újság

карціна
festmény

постар
poszter

радыё
rádió

нататнік
jegyzetfüzet

пыласос
porszívó

кактус
kaktusz

свечка
gyertya

кухня
konyha

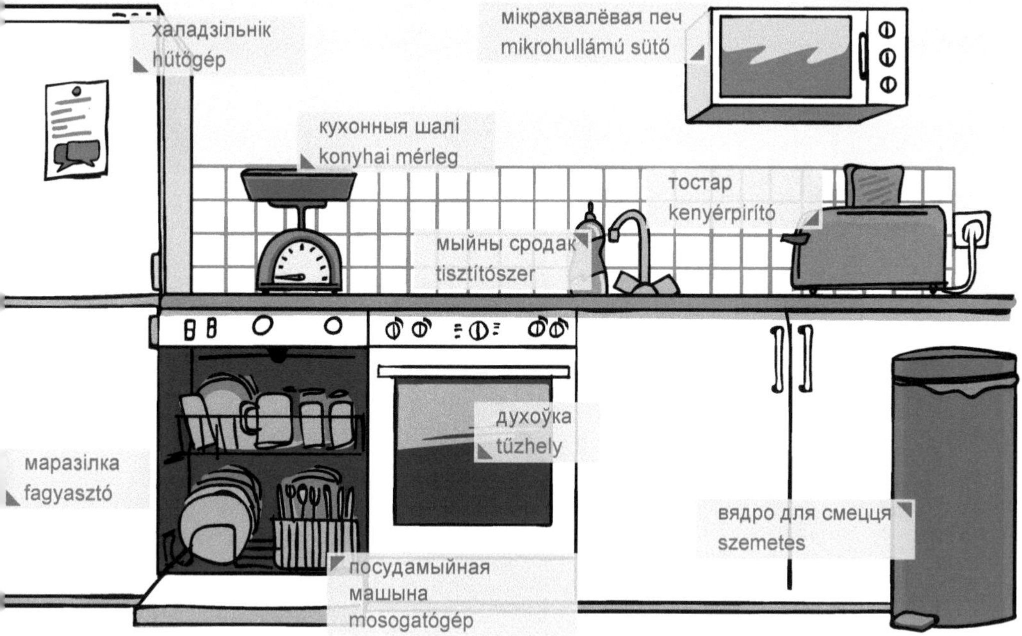
халадзільнік
hűtőgép
мікрахвалёвая печ
mikrohullámú sütő
кухонныя шалі
konyhai mérleg
тостар
kenyérpirító
мыйны сродак
tisztítószer
духоўка
tűzhely
маразілка
fagyasztó
вядро для смецця
szemetes
посудамыйная
машына
mosogatógép

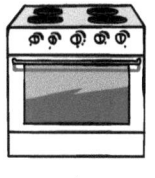

пліта
tűzhely

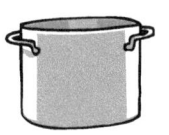

рондаль
edény

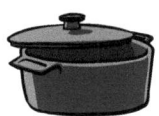

чыгунок
vasfazék

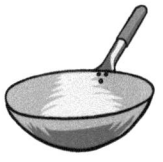

Вок / кадаі
wok / kadai

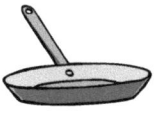

патэльня
serpenyő

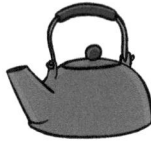

чайнік
vízforraló

пароварка
пароló

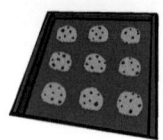

бляха
tepsi

посуд
étkészlet

кубак
bögre

міска
tálka

палачкі для ежы
evőpálcika

чарпак
merőkanál

лапатачка
keverőlapátka

збівалка
habverő

сіта для варэння
szűrő

сіта
szita

тарка
reszelő

ступка
mozsár

грыль
grillsütő

вогнішча
kandalló

дошка

vágódeszka

качалка

sodrófa

штопар

dugóhúzó

бляшанка

doboz

адкрывалка

konzervnyitó

прыхваткі

edényfogó

ракавіна

mosogató

шчотка

kefe

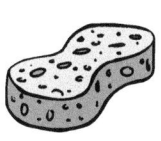

губка

szivacs

міксер

turmixgép

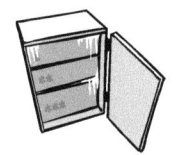

маразільная камера

mélyhűtő

бутэлечка

cumisüveg

вадаправодны кран

csap

ванная

fürdőszoba

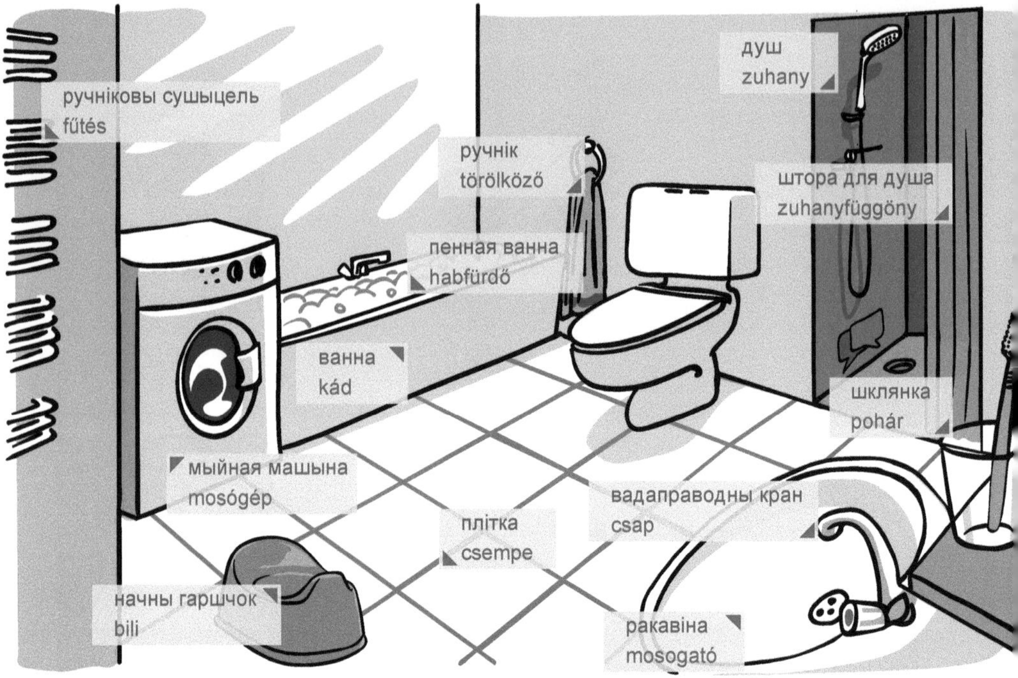

душ
zuhany
ручніковы сушыцель
fűtés
ручнік
törölköző
штора для душа
zuhanyfüggöny
пенная ванна
habfürdő
ванна
kád
шклянка
pohár
мыйная машына
mosógép
вадаправодны кран
csap
плітка
csempe
начны гаршчок
bili
ракавіна
mosogató

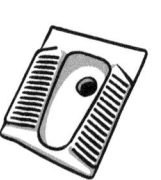

туалет

toalett

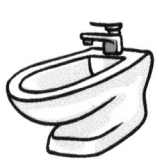

падлогавы ўнітаз

guggolós toalett

бідэ

bidé

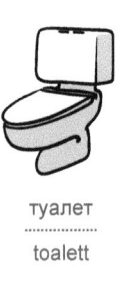

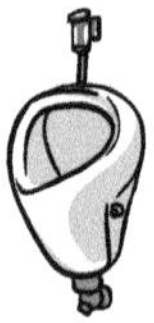

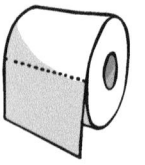

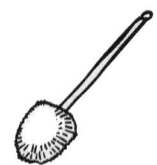

пісуар

piszoár

туалетная папера

toalett papír

шчотка для чысткі ўнітаза

wc kefe

зубная шчотка

fogkefe

зубная паста

fogkrém

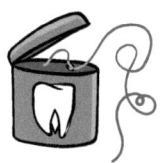

зубная нітка

fogselyem

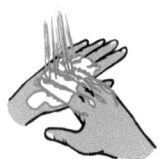

мыць

mosni

ручны душ

kézi zuhany

інтымны душ

intimzuhany

умывальнік

mosdótál

шчотка для спіны

hátmosó kefe

мыла

szappan

гель для душа

tusfürdő

шампунь

sampon

вяхотка

mosdókesztyű

вадасцёк

lefolyó

крэм

krém

дэзадарант

dezodor

люстэрка

tükör

касметычнае люстэрка

kézitükör

станок для галення

borotva

пена для галення

borotvahab

ласьён пасля галення

borotválkozás utáni
arcszesz

грэбень

fésű

шчотка

hajkefe

фен

hajszárító

лак для валасоў

hajlakk

касметыка

smink

памада

ajakrúzs

лак для пазногцяў

körömlakk

вата

vatta

манікюрныя нажніцы

körömvágó olló

духі

parfüm

касметычка
neszesszer

табурэтка
sámli

вагі
mérleg

лазневы халат
köntös

санітарныя пальчаткі
gumikesztyű

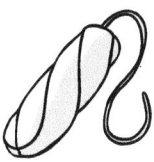

тампон
tampon

гігіенічныя пракладкі
egészségügyi betét

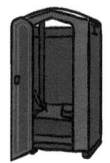

біятуалет
vegyi WC

дзіцячы пакой

gyerekszoba

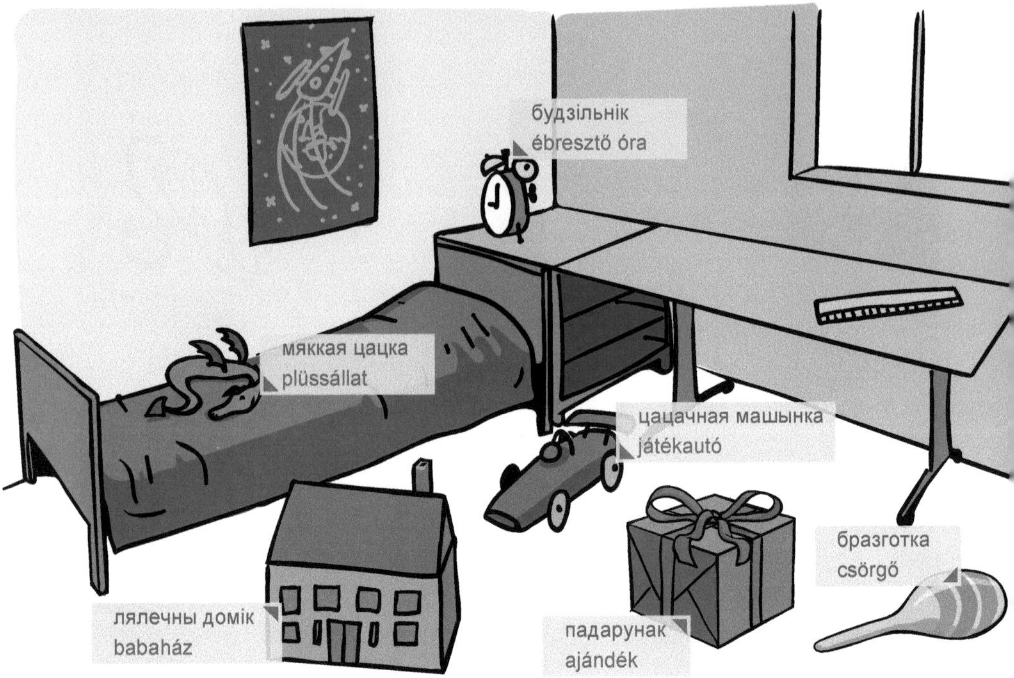
будзільнік
ébresztő óra
мяккая цацка
plüssállat
цацачная машынка
játékautó
бразготка
csörgő
лялечны домік
babaház
падарунак
ajándék

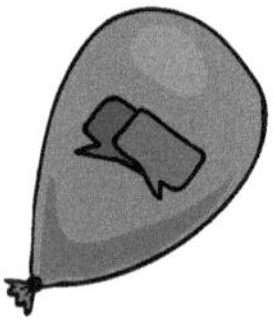

надзіманы шарык

lufi

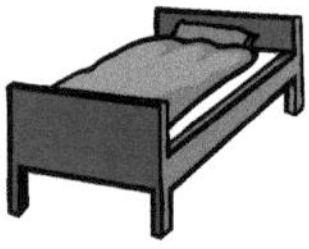

ложак

ágy

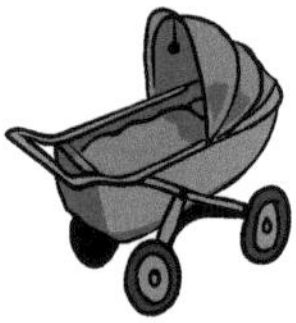

дзіцячая каляска

babakocsi

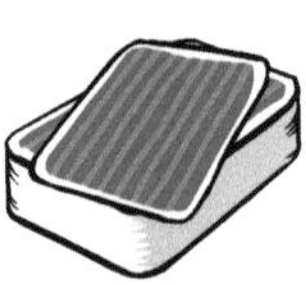

калода картаў

kártyapakli

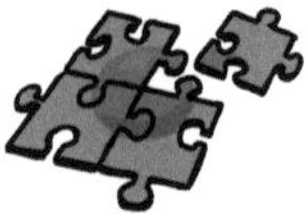

пазл

kirakós játék

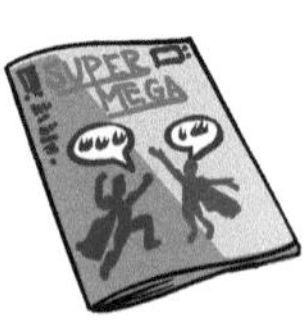
SUPER
MEGA

комікс

képregény

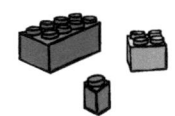

канструктар "Лега"

építőkockák

канструктар

építőelem

экшэн-фігурка

szuperhős

дзіцячы гарнітур

rugdalózó

фрызбі

frizbi

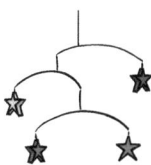

дзіцячы мабіль

zenélő forgó

настольная гульня

társasjáték

кубік

kocka

дзіцячая чыгунка

modellvasút

пустышка

cumi

дзіцячае свята

zsúr

кніга з малюнкамі

képeskönyv

мячык

labda

лялька

baba

гуляцца

játszani

пясочніца

homokozó

арэлі

hinta

цацкі

játékok

гульнявая відэа прыстаўка

videójáték konzol

трохколавы ровар

tricikli

плюшавы мішка

teddi maci

шафа

ruhásszekrény

адзенне
ruházat

шкарпэткі

zokni

панчохі

harisnya

калготкі

harisnyanadrág

шалік
sál

рамень
öv

парасон
esernyő

цішотка
póló

боты
csizma

пантоплі
papucs

красоўкі
tornacipő

сандалі
szandál

абутак
cipő

гумовыя боты
gumicsizma

трусы
alsónadrág

бюстгальтар
melltartó

майка
mellény

бодзі
body

штаны
nadrág

джынсы
farmer

спадніца
szoknya

блузка
blúz

кашуля
ing

джэмпер
pulóver

талстоўка
kapucnis pulóver

блэйзер
blézer

куртка
dzseki

паліто
kabát

дажджавік
esőkabát

касцюм
kosztüm

сукенка
ruha

вясельная сукенка
esküvői ruha

касцюм
öltöny

начная сарочка
hálóing

піжама
pizsama

сары
szári

хустка
fejkendő

цюрбан
turbán

паранджа
burka

каптан
kaftán

Абая
abaya

купальнік
fürdőruha

плаўкі
fürdőnadrág

шорты
rövidnadrág

спартыўны касцюм
tréningruha

фартух
kötény

пальчаткі
kesztyű

гузік
gomb

акуляры
szemüveg

бранзалет
karkötő

каралі
nyaklánc

кальцо
gyűrű

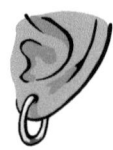

завушніца
fülbevaló

кепка
sapka

вешалка
vállfa

капялюш
kalap

гальштук
nyakkendő

маланка
cipzár

шлем
bukósisak

падцяжкі
nadrágtartó

школьная форма
iskolai egyenruha

уніформа
egyenruha

нагруднік

előke

пустышка

cumi

падгузнік

pelenka

офіс
iroda

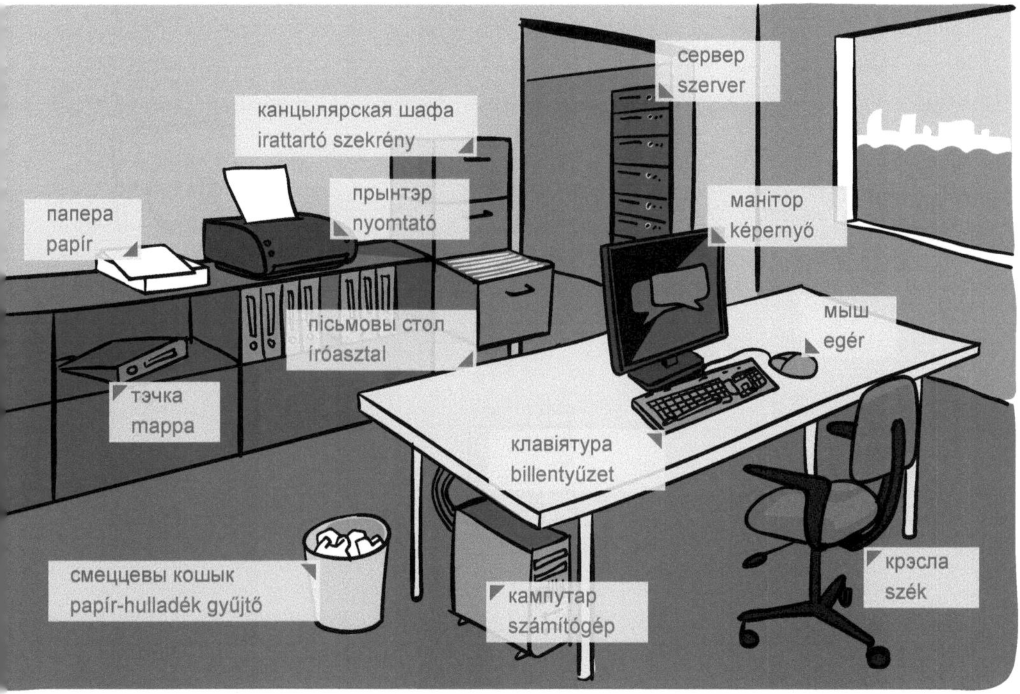

сервер
szerver

канцылярская шафа
irattartó szekrény

прынтэр
nyomtató

манітор
képernyő

папера
papír

мыш
egér

пісьмовы стол
íróasztal

тэчка
mappa

клавіятура
billentyűzet

смеццевы кошык
papír-hulladék gyűjtő

кампутар
számítógép

крэсла
szék

бак для кавы (філіжанка)

kávéscsésze

калькулятар

számológép

інтэрнэт

internet

ноўтбук

laptop

ліст

levél

паведамленне

üzenet

мабільны тэлефон

mobiltelefon

сетка

hálózat

ксеракс

fénymásoló

праграмнае забеспячэнне

szoftver

тэлефон

telefon

разетка

konnektor

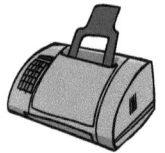

факс

faxgép

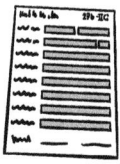

фармуляр

formanyomtatvány

дакумент

dokumentum

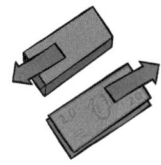

купляць
venni

плаціць
fizetni

гандляваць
kereskedni

грошы
pénz

долар
dollár

еўра
euró

ена
jen

рубель
rubel

франк
svájci frank

кітайскі юань
kínai jüan

рупія
rúpia

банкамат
bankautomata

абменны пункт

valutaváltó iroda

золата

arany

срэбра

ezüst

нафта

olaj

энергія

energia

цана

ár

кантракт

szerződés

падатак

adó

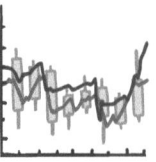

акцыя

részvény

працаваць

dolgozni

служачы

munkavállaló

працадаўца

munkaadó

фабрыка

gyár

крама

üzlet

прафесіі
foglalkozások

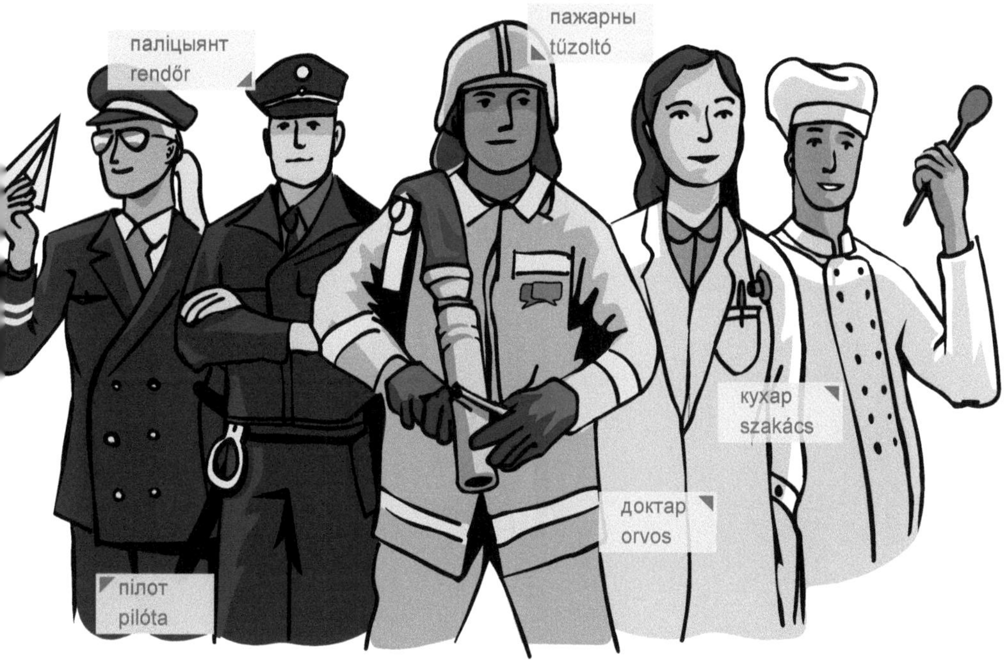
паліцыянт
rendőr
пажарны
tűzoltó
кухар
szakács
доктар
orvos
пілот
pilóta

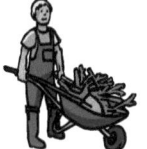

садоўнік

kertész

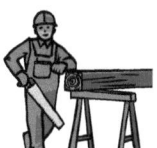

слесар

kárpitos

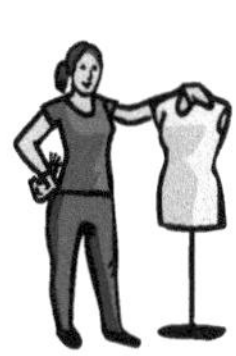

швачка

varrónő

суддзя

bíró

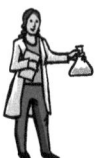

хімік

vegyész

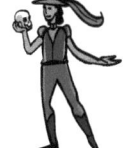

артыст

színész

кіроўца аўтобуса
buszsofőr

таксіст
taxisofőr

рыбак
halász

прыбіральшчыца
bejárónő

страхар
tetőfedő

афіцыянт
pincér

паляўнічы
vadász

мастак
festő

пекар
pék

электрык
villanyszerelő

будаўнік
építőmunkás

інжынер
mérnök

мяснік
hentes

сантэхнік
vízvezeték-szerelő

паштальён
postás

прафесіі - foglalkozások

салдат
katona

архітэктар
építész

касір
eladó

фларыст
virágos

цырульнік
fodrász

кандуктар
kalauz

механік
műszerész

капітан
kapitány

стаматолаг
fogorvos

вучоны
tudós

рабін
rabbi

імам
imám

манах
szerzetes

святар
lelkész

інструменты

szerszámok

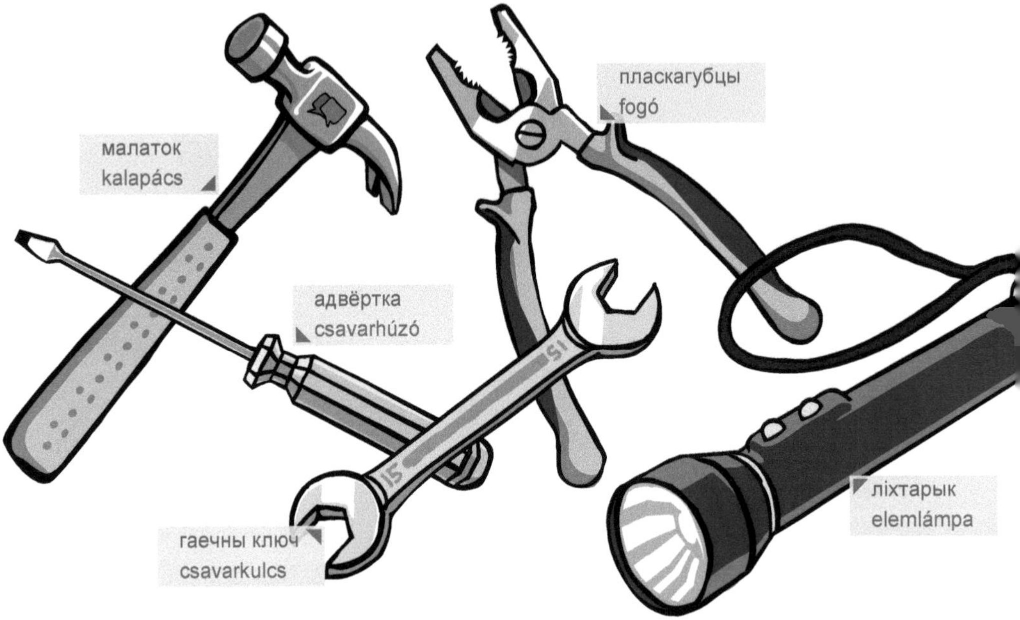
малаток
kalapács
пласкагубцы
fogó
адвёртка
csavarhúzó
гаечны ключ
csavarkulcs
ліхтарык
elemlámpa

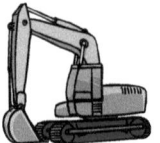

экскаватар

markológép

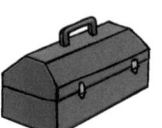

скрыня для інструментаў

szerszámosláda

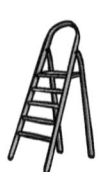

дравіны

vödör

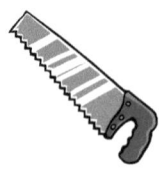

піла

fűrész

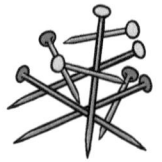

цвікі

szög

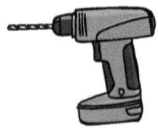

дрыль

fúrógép

рамантаваць

megjavítani

рыдлеўка

lapát

Халера!

A francba!

шуфлік для смецця

szemétlapát

вядро з фарбаю

festékesdoboz

балты

csavar

музычныя інструменты
hangszerek

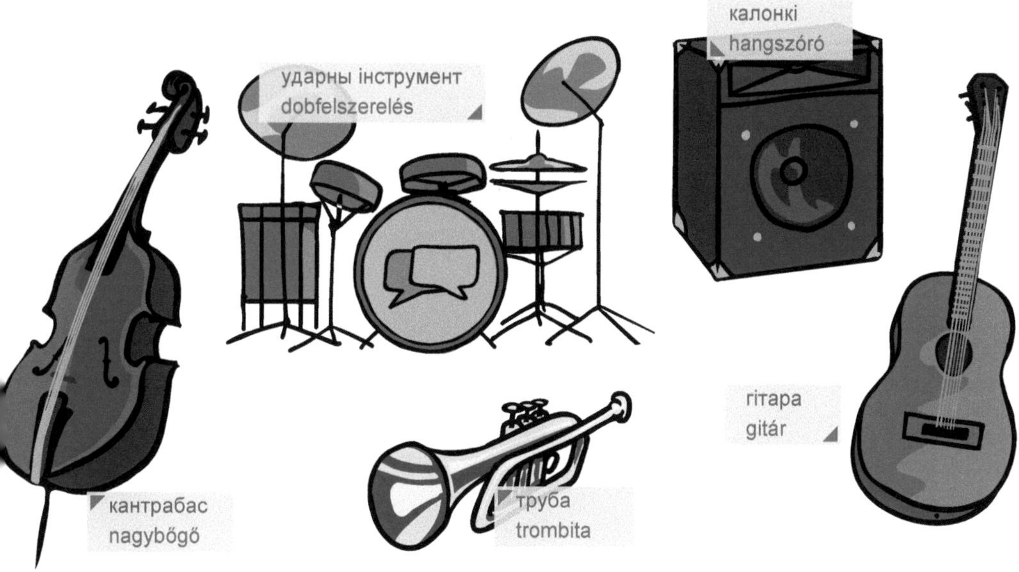

калонкі
hangszóró

ударны інструмент
dobfelszerelés

гітара
gitár

кантрабас
nagybőgő

труба
trombita

піяніна

zongora

скрыпка

hegedű

басгітара

basszusgitár

літаўры

üstdob

барабан

dobok

клавішны электрамузычны
інструмент

digitális zongora

саксафон

szaxofon

флейта

fuvola

мікрафон

mikrofon

заапарк

állatkert

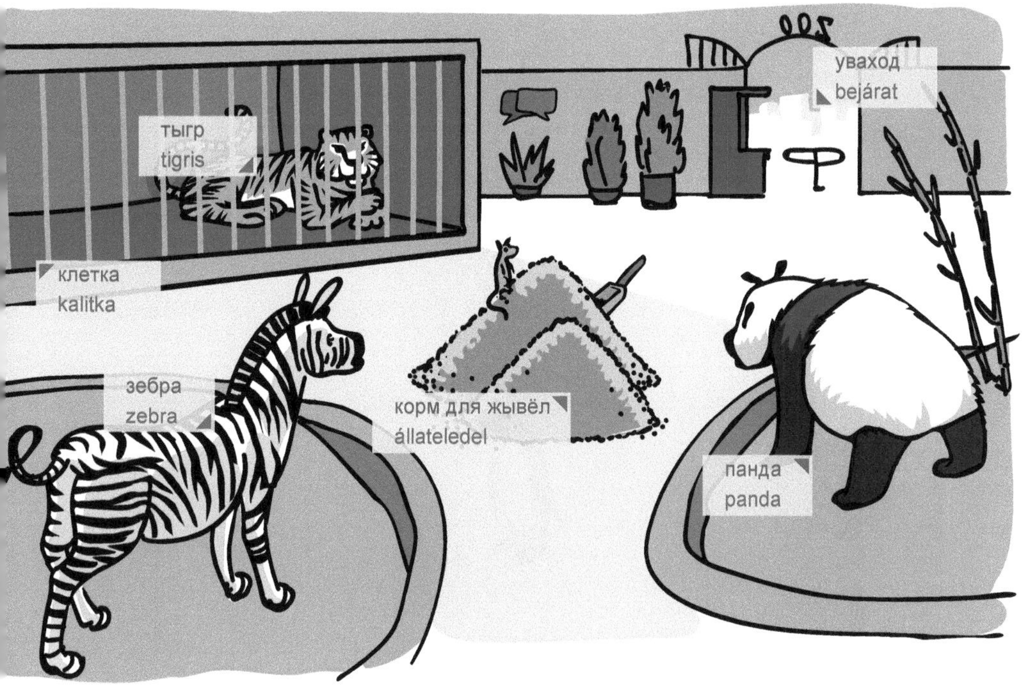
увахад
bejárat
тыгр
tigris
клетка
kalitka
зебра
zebra
корм для жывёл
állateledel
панда
panda

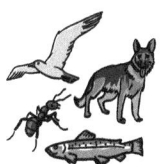

жывёлы

állatok

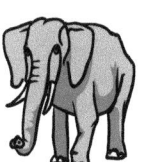

слон

elefánt

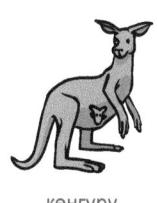

кенгуру

kenguru

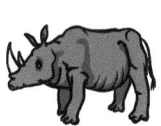

насарог

orrszarvú

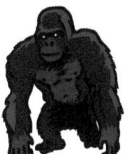

гарыла

gorilla

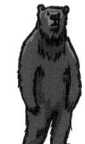

мядзведзь

medve

вярблюд

teve

стравус

strucc

леў

oroszlán

малпа

majom

фламінга

flamingó

папугай

papagáj

белы мядзведзь

jegesmedve

пінгвін

pingvin

акула

cápa

паўлін

páva

змяя

kígyó

кракадзіл

krokodil

наглядчык заапарка

állatgondozó

цюлень

fóka

ягуар

jaguár

поні

póniló

леапард

leopárd

бегемот

víziló

жыраф

zsiráf

арол

sas

дзік

vaddisznó

рыбак

hal

чарапаха

teknős

морж

rozmár

ліса

róka

газель

gazella

амерыканскі футбол
amerikai futball

веласпорт
kerékpározás

тэніс
tenisz

баскетбол
kosárlabda

плаванне
úszás

бокс
boksz

хакей з шайбай
jégkorong

футбол
futball

бадмінтон
tollas

лёгкая атлетыка
atlétika

гандбол
kézilabda

горныя лыжы
síelés

пола
lovaspóló

скакаць
ugrani

абдымаць
ölelni

смяяцца
nevetni

ісці
sétálni

спяваць
énekelni

маліцца
dicsérni

марыць
álmodni

цалаваць
csókolni

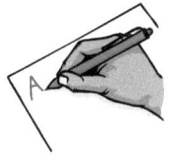

пісаць
írni

маляваць
rajzolni

паказваць
mutatni

націснуць
tolni

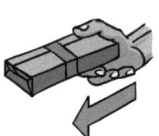

даваць
adni

браць
vinni

маць
birtokolni

выконваць
csinálni

быць
lenni

стаяць
állni

бегчы
futni

цягнуць
húzni

кідаць
hajít

падаць
esni

ляжаць
hazudni

чакаць
várni

насіць
vinni

сядзець
ülni

апранацца
felvenni

спаць
aludni

прачынацца
felébredni

дзейнасць - tevékenységek

глядзець

ránézni

плакаць

sírni

лашчыць

simogat

прычэсвацца

fésülni

гаварыць

beszélni

разумець

megérteni

пытаць

kérdezni

чуць

hallgatni

піць

inni

есці

enni

прыбіраць

takarítani

кахаць

szeretni

гатаваць

főzni

ехаць

vezetni

лятаць

szállni

плаваць пад ветразем

vitorlázni

лічыць

számol

чытаць

olvasni

вучыць

tanulni

працаваць

dolgozni

уступаць у шлюб

házasodni

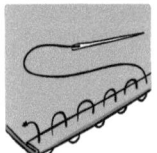

шыць

varrni

чысціць зубы

fogat mosni

забіваць

ölni

курыць

dohányozni

пасылаць

küldeni

бабуля
nagymama

дзядуля
nagypapa

бацька
apa

маці
anya

дзіця
kisbaba

дачка
lány

сын
fiú

госць

vendég

цётка

nagynéni

дзядзька

nagybácsi

брат

fiútestvér

сястра

lánytestvér

цела

test

лоб
homlok
вока
szem
плячо
váll
палец
ujj
твар
arc
падбародак
áll
рука
kéz
грудзі
mell
нага
láb
рука
kar

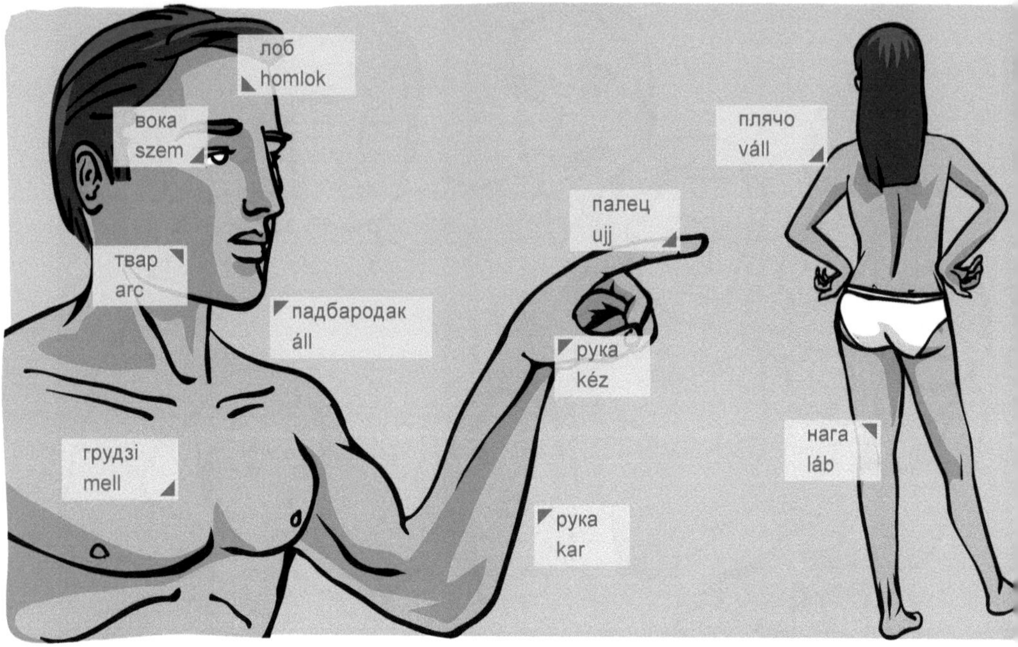

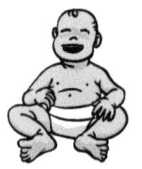

дзіця

kisbaba

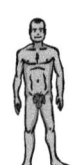

мужчына

ember

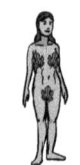

жанчына

nő

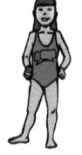

дзяўчынка

lány

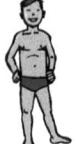

хлопчык

fiú

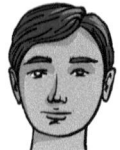

галава

fej

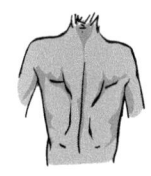

спіна
....
hát

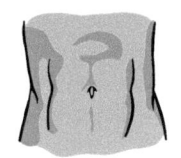

жывот
....
has

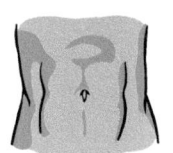

пуп
....
köldök

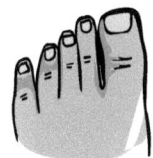

палец нагі
....
lábujj

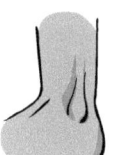

пятка
....
sarok

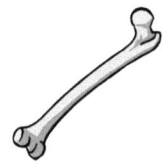

костка
....
csont

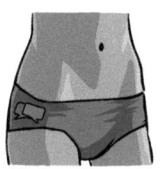

бядро
....
csípő

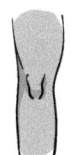

калена
....
térd

локаць
....
könyök

нос
....
orr

ягадзіца
....
fenék

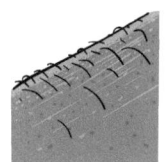

скура
....
bőr

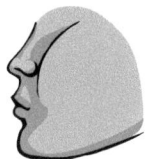

шчака
....
orca

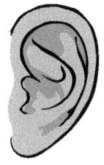

вуха
....
fül

губа
....
ajak

рот

száj

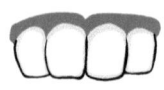

зуб

fog

язык

nyelv

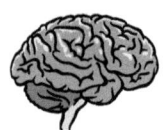

галаўны мозг

agy

сэрца

szív

мышца

izom

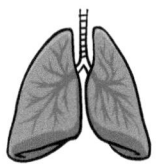

лёгкае

tüdő

пячонка

máj

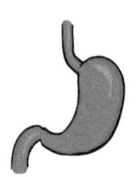

страўнік

gyomor

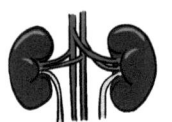

ныркі

vese

сэкс

szex

прэзерватыў

kondom

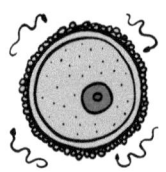

яйцаклетка

petesejt

сперма

sperma

цяжарнасць

terhesség

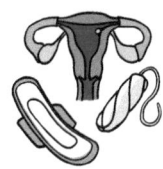

менструацыя

menstruáció

похва

vagina

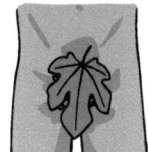

пеніс

pénisz

брыво

szemöldök

валасы

haj

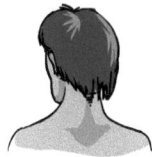

шыя

nyak

шпіталь

kórház

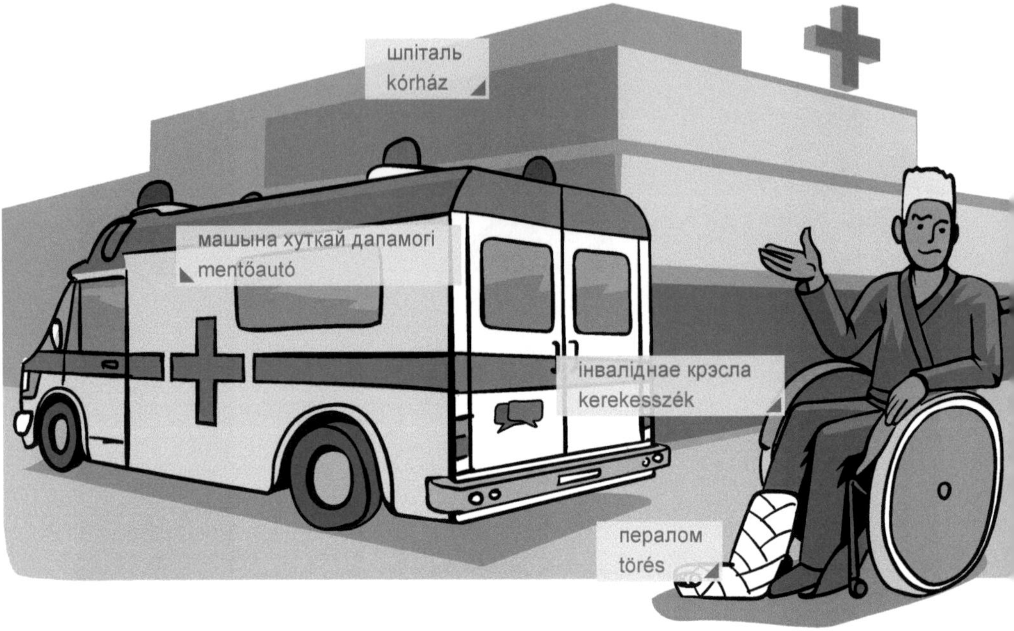

шпіталь
kórház
машына хуткай дапамогі
mentőautó
інваліднае крэсла
kerekesszék
пералом
törés

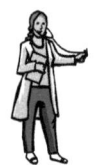

доктар

orvos

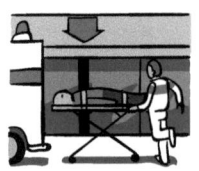

аддзяленне першай дапамогі

sürgősségi osztály

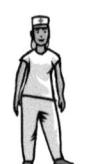

медсястра

ápoló

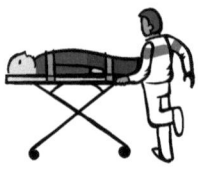

экстраная дапамога

vészhelyzet

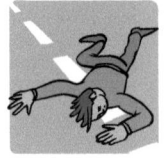

непрытомны

eszméletlen

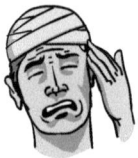

боль

fájdalom

траўма
sérülés

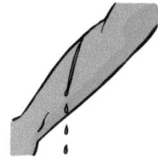

крывацёк
vérzés

інфаркт
szívroham

апаплексія
szélütés

алергія
allergia

кашаль
köhögés

гарачка
láz

грып
influenza

панос
hasmenés

галаўны боль
fejfájás

рак
rák

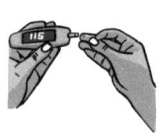

дыябет
cukorbetegség

хірург
sebész

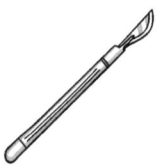

скальпель
szike

аперацыя
műtét

КТ
CT

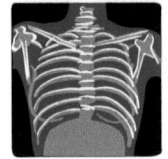

рэнтген
röntgen

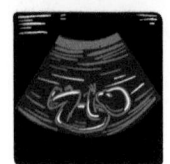

ультрагук
ultrahang

маска
arcmaszk

хвароба
betegség

пачакальня
váróterem

мыліца
mankó

пластыр
sebtapasz

бінт
kötszer

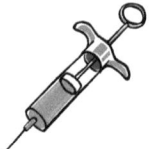

ін'екцыя
injekció

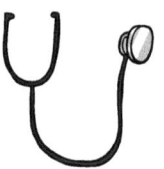

стэтаскоп
sztetoszkóp

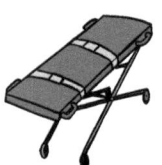

насілкі
hordágy

градуснік
klinikai hőmérő

нараджэнне
születés

лішняя вага
túlsúly

слухавы апарат

hallókészülék

дэзінфекцыйны сродак

fertőtlenítőszer

інфекцыя

fertőzés

вірус

vírus

ВІЧ/СНІД

HIV/AIDS

лекі

orvosság

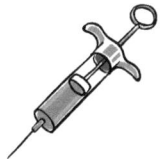

прышчэпка

oltás

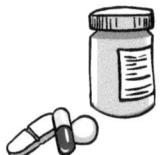

таблеткі

tabletták

супрацьзачаткавая
таблетка

tabletta

экстраны выклік

sürgősségi hívás

танометр

vérnyomásmérő

хворы / здаровы

betegség / egészség

Ратуйце!

Segítség!

сігналізацыя

riasztás

напад

rajtaütés

атака

támadás

небяспека

veszély

аварыйны выхад

vészkijárat

Пажар!

tűz!

вогнетушыцель

tűzoltókészülék

аварыя

baleset

аптэчка

elsősegélycsomag

СОС

SOS

паліцыя

rendőrség

Еўропа

Európa

Паўночная Амерыка

Észak-Amerika

Паўднёвая Амерыка

Dél-Amerika

Афрыка

Afrika

Азія

Ázsia

Аўстралія

Ausztrália

Атлантычны акіян

Atlanti-óceán

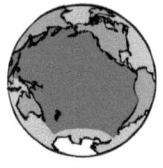

Ціхі акіян

Csendes-óceán

Індыйскі акіян

Indiai-óceán

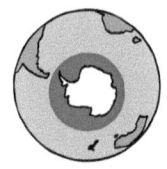

Паўднёвы ледавіты акіян

Déli-óceán

Паўночны ледавіты акіян

Jeges-tenger

Паўночны полюс

Északi-sark

Паўднёвы полюс

Déli-sark

Антарктыда

Antarktisz

Зямля

föld

краіна

szárazföld

мора

tenger

востраў

sziget

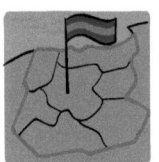

нацыя

nemzet

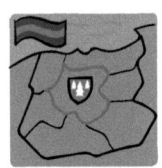

дзяржава

állam

цыферблат

számlap

гадзінная стрэлка

kismutató

хвілінная стрэлка

nagymutató

секундная стрэлка

másodpercmutató

Колькі часу?

Mennyi az idő?

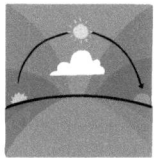

дзень

nap

час

idő

зараз

most

электронны гадзіннік

digitális óra

хвіліна

perc

гадзіна

óra

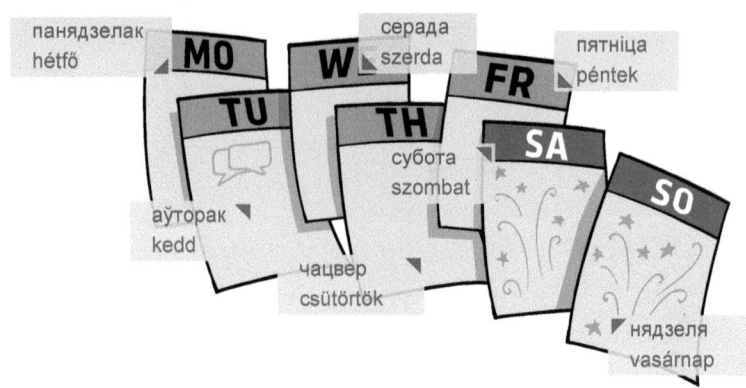

панядзелак
hétfő

серада
szerda

пятніца
péntek

аўторак
kedd

субота
szombat

чацвер
csütörtök

нядзеля
vasárnap

ўчора
tegnap

сёння
ma

заўтра
holnap

раніца
reggel

абед
dél

вечар
este

MO	TU	WE	TH	FR	SA	SU
1	2	3	4	5	6	7
8	9	10	11	12	13	14
15	16	17	18	19	20	21
22	23	24	25	26	27	28
29	30	31	1	2	3	4

працоўныя дні
hétköznap

MO	TU	WE	TH	FR	SA	SU
1	2	3	4	5	6	7
8	9	10	11	12	13	14
15	16	17	18	19	20	21
22	23	24	25	26	27	28
29	30	31	1	2	3	4

выхадныя
hétvége

год

év

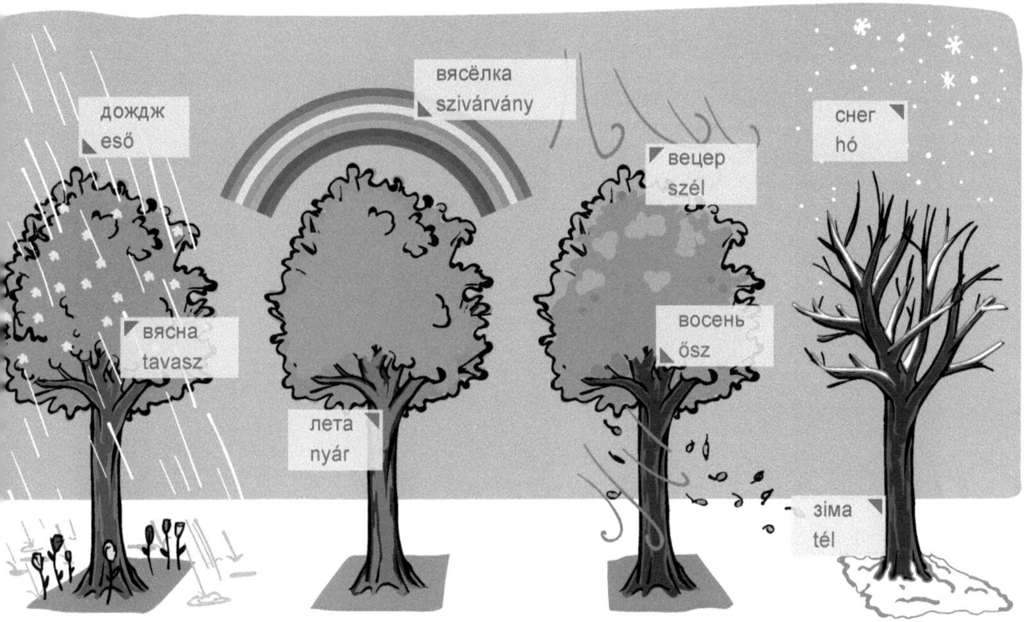

дождж
eső
вясёлка
szivárvány
снег
hó
вецер
szél
вясна
tavasz
восень
ősz
лета
nyár
зіма
tél

4.APRIL 11°
5.APRIL 4°
6.APRIL 13°
7.APRIL 8°
8.APRIL 10°

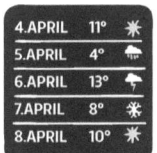

прагноз надвор'я

idõjárás előrejelzés

F C
120 40
90 30
60 20
30 10
0 0
-30 -10
-20

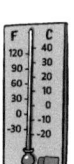

градуснік

hőmérő

сонечнае святло

napsütés

воблака

felhő

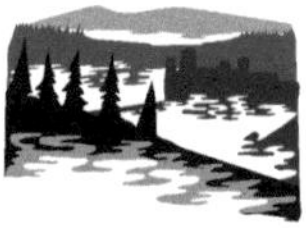

туман

köd

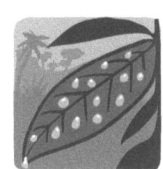

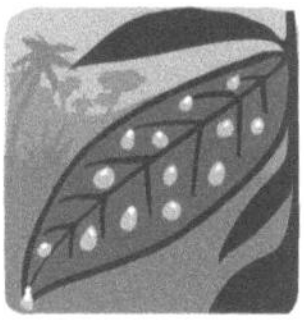

вільготнасць паветра

páratartalom

маланка
villámlás

гром
mennydörgés

бура
vihar

град
jégeső

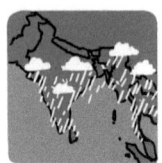

мусонны вецер
monszun

прыліў
áradás

лёд
jég

студзень
január

люты
február

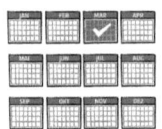

сакавік
március

красавік
április

май
május

чэрвень
június

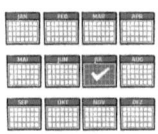

ліпень
július

жнівень
augusztus

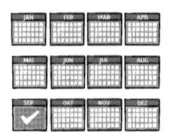

верасень
....
szeptember

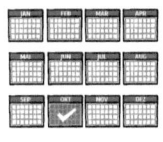

кастрычнік
....
október

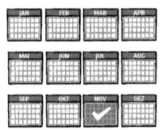

лістапад
....
november

снежань
....
december

круг
....
kör

квадрат
....
négyzet

прамавугольнік
....
téglalap

трохвугольнік
....
háromszög

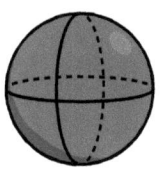

шар
....
gömb

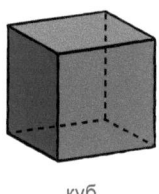

куб
....
kocka

белы

fehér

жоўты

sárga

аранжавы

narancs

ружовы

rózsaszín

чырвоны

piros

фіялетавы

lila

сіні

kék

зялёны

zöld

карычневы

barna

шэры

szürke

чорны

fekete

шмат / мала

sok / kevés

злы / добры

mérges / nyugodt

прыгожы / брыдкі

szép / csúnya

пачатак / канец

kezdet / vég

высокі / малы

nagy / kicsi

светлы / цёмны

világos / sötét

сястра / брат

fivér / növér

чысты / брудны

tiszta / koszos

поўны / няпоўны

teljes / nem teljes

дзень / ноч

nappal / éjszaka

мёртвы / жывы

halott / élő

шырокі / вузкі

széles / keskeny

ядомы / неядомы

ehető / nem ehető

злы / добры

gonosz / kedves

узбуджаны / нудны

izgatott / unott

тоўсты / тонкі

kövér / vékony

першы / апошні

első / utolsó

сябар / вораг

barát / ellenség

поўны / пусты

teli / üres

цвёрды / мяккі

kemény / puha

важкі / лёгкі

nehéz / könnyű

голад / смага

éhség / szomjúság

хворы / здаровы

betegség / egészség

нелегальны / легальны

illegális / legális

разумны / дурны

intelligens / buta

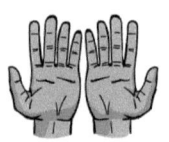

левы / правы

bal / jobb

побач / далёка

közel / távol

новы / былы ва ўжыванні

új / használt

нічога / нешта

semmi / valami

стары / малады

idős / fiatal

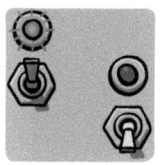

укл / выкл

be / ki

адчынены / зачынены

nyitva / zárva

ціхі / гучны

csendes / hangos

багаты / бедны

gazdag / szegény

правільна / няправільна

helyes / helytelen

шурпаты / гладкі

érdes / sima

сумны / шчаслівы

szomorú / vidám

кароткі / доўгі

rövid / hosszú

павольны / хуткі

lassú / gyors

вільготны / сухі

nedves / száraz

цёплы / халаднаваты

meleg / hideg

вайна / мір

háború / béke

0

нуль

nulla

1

адзін

egy

2

два

kettő

3

тры

három

4

чатыры

négy

5

пяць

öt

6

шэсць

hat

7

сем

hét

8

восем

nyolc

9

дзевяць

kilenc

10

дзесяць

tíz

11

адзінаццаць

tizenegy

12
дванаццаць
tizenkettő

13
трынаццаць
tizenhárom

14
чатырнаццаць
tizennégy

15
пятнаццаць
tizenöt

16
шаснаццаць
tizenhat

17
сямнаццаць
tizenhét

18
васямнаццаць
tizennyolc

19
дзевятнаццаць
tizenkilenc

20
дваццаць
húsz

100
сто
száz

1.000
тысяча
ezer

1.000.000
мільён
millió

англійская

angol

англійская (Амерыка)

amerikai angol

кітайская мандарынская

mandarin kínai

хіндзі

hindi

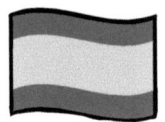

іспанская

spanyol

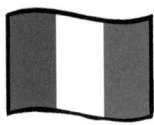

французская

francia

арабская

arab

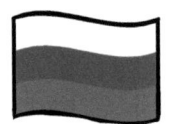

руская

orosz

партугальская

portugál

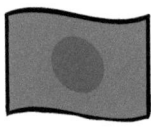

бенгальская

bengáli

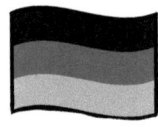

нямецкая

német

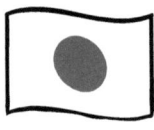

японская

japán

я
....
én

ты
....
te

ён / яна / яно
....
ő

мы
....
mi

вы
....
ti

яны
....
ök

хто?
....
ki?

што?
....
mi?

як?
....
hogyan?

дзе?
....
hol?

калі?
....
mikor?

імя
....
név

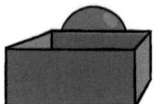

за

mögött

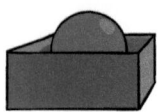

у

benne

перад

elötte

над

felette

на

rajta

пад

alatta

каля

mellett

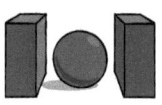

паміж

között

месца

hely